MERI KALAM SE...

POETRY THAT HEALS THE HEART AND SOUL

NEETS CHANDIRAMANI

Made with ♥ on the Notion Press Platform
www.notionpress.com

Pillars Of My Life ♡

Miss you Papa ♡

Contents

Contents

THE HURTING

Contents

THE HEALING

Contents

Naya Adhyay, Nayi Manzilein

Dedication ♡

This book is dedicated to my Father, Late Mr. Nandlal Chandiramani, who couldn't be a part of my journey but will always remain in my thoughts forever and my Mother, Mrs. Jyoti Chandiramani who has been my mentor, pillar of strength and guiding light throughout my life's journey. To everyone who silently contributed to my success, I am deeply grateful. And to God, the divine power and Father of us all, for His plan of happiness for every one of His children.

Foreword

"Her poems are thoughts that breathe,

and words that burn...

We start to think.!"

- Vinit Ganjawala

Director at Pinnacle Polytrade Private Limited

Voices Of Admiration

"Neets is one of a unique, with an in born attribute who evolved over the years as an extremely brilliant and creative dimension in her life" A lady with a steady mind to capture her heartfelt thoughts with lot of sensitivity through her words, which often appealed not only to me but also received a warm response from the next generation too. Best wishes for her maiden publication " Meri Kalam Se".

Warm regards to a dear friend."

- Mangesh K Bhise

Founder and CEO Pipe Guru Consultation

Preface

Like a magical butterfly braving a relentless storm, Neets embodies courage, beauty, rebellion, passion, and strength. Life has taken her through soaring highs and crushing lows, both personally and professionally. But no matter what came her way, she stood firm, faced every challenge head-on, and found a way to rise—stronger, wiser, and victorious.

Acknowledgements

As Stephen Covey rightly said, *"If you want to make a new contribution, you have got to make a whole new preparation."* With deep gratitude, I express my appreciation to the following for their contributions in helping me achieve my dream of becoming an author:

- My Parents, for being an integral part of my journey.
- My daughter, Rhea who constantly lights up my creativity every single day.
- My partner in crime, my husband Prashant for always being around.
- My dear sister, Bharti for her constant encouragement.
- My dear sister, Juhi, for pushing me to pursue my dream project and helping me bring it to life.
- My family and friends, for their unconditional support, always.

Prologue

There are moments in life when words fall short, when emotions well up in the heart, searching for an escape. In those moments, I have always turned to poetry. Poetry has been my quiet sanctuary, my safe space—where pain finds a voice, love finds its depth, and healing finds its way, one word at a time.

Meri Kalam Se... is more than just a collection of poems. It is a journey through the raw, unfiltered emotions of life—the aching void of loss, the warmth of love, the beauty of relationships, and the boundless strength of motherhood. It is a reflection of the moments that shape us, break us, and ultimately help us rise again.

Each poem in these pages carries a piece of my soul, and perhaps, somewhere between the lines, you may find pieces of your own story too. Some words may feel like a comforting embrace, while others may stir something deep within you.

This book is for you—the one who has loved deeply, the one who has lost, the one who is healing, and the one who is still searching for answers. May these words hold your heart gently, just as they have held mine.

If my words resonate with you, I would love to hear your thoughts. Connect with me on:

? Instagram: @lovingneets

? Facebook: www.facebook.com/meriikalamse

with Love,

Neets Chandiramani

Gratitude

I can't thank my Editor, Juhi Jaisinghani, enough for believing in me and pushing me to bring this book to life. She wasn't just an editor—she was my biggest cheerleader, patiently refining every word, perfecting every detail, and even designing the beautiful cover. Her dedication and support made this journey so much more special, and for that, I am forever grateful.

THE LOVING 

1. Tum Hi Ho

Nazaron Se Ishq Yoon Chalkaate Ho,
Baahon Me Lekar Har Ek Baat Samjhate Ho,
Rooth Jaaun Agar Tumse Kabhi Toh,
Sar Choomke Mujhe Tum Manaate Ho.
Choti Se Baatein Kar Apna Pyaar Jatate Ho,
Naaz Hai Tumhe Humpe, Har Baar Dikhate Ho,
Pyaar Ki Paribhasha Tumne Sikhayi,
Khushnaseebi Hamari Kadam Choomne Aayi.
Saath Paakar Tumhara Humne Hai Seekha,
Pyaara Dost Tumhi Mein Dekha,
Dost, Humdam, Pyaar Tum Hi Ho,
Mere Jeene Ki Wajah Tum Hi Ho.

2. Dil Ki Shararatein

Tum Jo Haseen Waadiyon Mein Thehre,

Toh Sama Ban Gaya,

Tumhari Halki Si Muskurat Par Ambar Bhi Pighal Gaya,

Hawaaon Ne Rukh Aisa Moda,

Dil Sambhala Na Gaya,

Raah Takte Hi Reh Gaye Aur,

Waqt Hathon Se Nikkal Gaya.

3. Adaayein

Gesuon Ka Bikhar Jaana, Labon Ka Thar-Tharana,
Chehre Se Nazron Ka Milna,Humein Yoon Madhosh Kar
Deta Hai.
Unka Aana, Jaise Dil Mein Ek Suroor Kar Deta Hai.
Unki Mehakti Saansain, Jaise Rooh Ko Chhoo Jaati Hain,
Yoon Itra Ke Aakar, Zaalim Haal-E-Dil Na Pooch Jaati Hain.
Halki Si Hasi Dekar, Yoon Chali Jaati Hain,
Khayaalon Mein Doobo Kar, Khamosh Ho Jaati Hain.
Kambakht Sapno Mein Aakar Chup Ho Jaati Hain,
Aankhein Khulte Hi Gayab Ho Jaati Hain.

4. Ik Tarfa

Tu Jo Sochta Woh Gar Mein Kar Doon,
Teri Dil Ki Baat Mein Likhkar Yoon Bayaan Kar Doon.
Ik Tarfa Reh Jayenge Jasbaat Tere,
Teri Haan Mein Agar Mein Hardam Haan Kar Doon.

5. Alfaazon Ka Jadoo

Shabdon Ko Motiyon Ki Tarah Piroya To Ik Maala Ban Gayi,
Jab Bhi Chhalakte Moti Maala Se, Kisi Ki Dastaan Ban Gayi.
Yoon Toh Roke Rakhha Tha Aise Unhe Apne Palkon Ke Saaye Mein,
Na Jaane Kaise Chupkar Aankhon Se Boondein, Dil Ko Cheer Bahar Ho Gayi.

6. Taaron Ki Toli

Chaand Apni Taaron Ki Toli Liye Ghoomne Laga,
Thandi Hawa Baadalon Ko Paas Liye Choomne Laga.
Raat Ne Odh Liya Noor Ka Aangan Saja Kar,
Sitaron Ne Mehfil Sajai Ujale Ko Bula Kar.
Lehrati Roshni Ne Aasmaan Ko Mehka Diya,
Khilkhilate Chand Ne Duniya Ko Jagmaga Diya.

7. Jhalak

Yoonhi Aajaya Kijiye, Mulakaton Ke Bahane,
Ek Jhalak Hi Sukoon De Jati Hai Aapki,
Bina Jaaye Maikhane Mein Nasha Sa Chad Jata Hai,
Aapki Aankhon Me Jo Dekh Loon Sharaab Kya Cheez Hai,
Bas Roz Isi Main Doob Loon,
Yoon Jo Tumhara Lehrana Chale Aana,
Dil Me Na Jaane Kitne Armaan Jagata Hai,
Yoonhi Aajaaya Kijiye, Dil Behal Jata Hai,
Zindagi Haseen Banane Ke Liye.

8. Shaam Yoonhi Guzar Jayegi

Phir Shaam Hogi,
Unse Mulaakat Hogi,
Woh Milegi, Hasegi, Muskuraayegi,
Fir Roz Ki Tarah Chali Jayegi.
Mere Pyar Ke Jazbaat Aankhon Mein Thaher Jayenge,
Woh Na Dekh Paayegi,
Aur Na Mein Keh Paaunga,
Bas Woh Bahut Yaad Aayegi,
Shaam Yoonhi Guzar Jayegi.

9. Ehsaas

Tip Tip Karti Boondein Mere Chehre Ko Chhuu Gayi,
Hawa Yoon Chali Zoron Se Baalon Ko Uda Kar Le Gayi,
Dheere Se Hum Chale Hi The Sambhalke,
Teri Yaadon Mein Phir Kho Gayi.

10. Ishq Aur Ibadat

Chal, Thoda Ishq Farmaate Hain,
Yaaron Mein Rehkar, Jeene Ke Naye Tareeke Sikhate Hain.
Yeh Ibaadat Sirf Ek Ki Nahin Hoti,
Chal, Aaj Uss Khuda Mein Mil Jaate Hain.

11. Khushboo Teri

Tumhari Khushboo Hawaon Ko Yoon Mehakati Hai,
Jab Bhi Guzarti Ho Saamne Se Dil Ko Chhu Jaati Hai.
Yoon Padti Hai Aapki Nazrein Humpar, Dhadkane Tez Ho
Jati Hain.
Moam Ki Tarah Pighal Jata Hoon Main,
Jab Bhi Tu Muskurati Hai.

12. Adhure Humsafar

Do Adhure Humsafar Milte Hain Tabhi,
Haath Thaam Lete Hain, Saath Chalte Hain Yoonhi,
Ek Ho Jaate Hain, Ishq Mein Doobke Kahin,
Muskurati Nazron Se Baatein Samajh Jaate Hain Wahin.

13. Dilon Ki Baat

Jab Koi Nagme Se Shuruwaat Hoti Hai,
Jasbaaton Ki Mano Jaise Barsaat Hoti Hai,
Sur Aur Taal Ki Saugaat Hoti Hai,
Tere Mere Dilon Ki Baat Hoti Hai.

14. Teri Aashiqui

Teri Aashiqui, Yoon Toh Bemisaal Hai,
Jo Tera Hai, Woh Bhi Duaon Ka Kamaal Hai.
Ishq Karne Walon Se Poocho, Bichhadna Kya Hota Hai,
Tanhai Mein Muskurana, Sochkar Un Lamhon Ko.
Koi Pooche Tumse, Toh Keh Do—Kya Sawaal Hai?

15. Dil Ki Dua

Ik Ajab Se Nashe Ki Aadat Ho Gayi Hai,
Tumse Na Milu To Yeh Tadap Bas Bad Hi Chali Hai,
Manzilon Ko Paane Ki Chaah Ban Gayi Hai,
Duaon Mein Mil Jaun Aapke,
Yahi Baat Aaj Dil Se Rooh Tak Chali Hai.

16. Shaam Ki Mehfil

Aasman Ki Gulabi Chaadar Odhe,
Dil Lubha Gayi Suraj Ki Halki Si Kirne, Badalon Ki Goad Mein,
Lehron Ke Beechon Beech, Aasman Simat Raha Tha.
Wahi Do Pyaar Karne Walon Ka Dil, Ek Dusre Ke Liye Dhadak Raha Tha.

17. Jism Aur Rooh

Tum Usko Dhoond Rahe The Jo Thi Hi Nahi,
Rooh Ka Milna Tab Mukammal Hai Jab Ibaadat Sacchi Ho.
Jism To Hazaar Mil Jaate Hain,
Bas Dilon Ka Milna Na Ho Pata Hai.

18. Nazron Ka Jadoo

Humari Shaamein Rangeen Unke Deedar Se Hi Hoti Thi,
Unka Yoon Nazron Ko Jhukana Kaatilana Waar Karti Thi.
Haste Hue Apni Zulfon Ko Sehlana,
Raaton Ki Neendein Haraam Karti Thi.

19. Nafrat Se Chahat Tak

Tumhare Lafzon Ne Humein Zubaan De Di,
Jo Thi Mann Ki Baat, Saaf Shabdon Mein Bayaan Kar Di.
Tumhari Nafrat Ko Chahat Mein Badal Doon,
Ishq Itna Shiddat Se Karu Ki Aadat Kar Doon.

20. Shukriya Zindagi

Daaman Mein Nanha Sa Khwaab Bunn Liya Tha,
Jo Dekha Tha Sapna Aaj Poora Hokar Yoon Mila Tha.
Khwaahishein Aaj Humare Kadam Choom Rahi Hain,
Kaainaat Se Manga Tha Jo Taufa, Yoon Mila Rahi Hai.
Ae Zindagi, Tera Shukr Hai, Is Anmol Inaam Ke Liye,
Naye Mauke Abhi Aur Bhi Aayenge, Teri Dehleez Par Dastak
Dene Ke Liye.

21. Sooraj Se Chand Tak

Ab Toh Har Shaam Hone Ka Mujhe Intezaar Rehta Hai,
Sooraj Doobte Hi Chaand Mein Tere Chehre Ka Deedar
Hota Hai,
Baadalon Mein Chhupe Hue Dheere Se Yeh Anjaam Hota
Hai,
Hawaaon Mein Teri Mehak Yoon Pighal Jaati Hai,
Sare Aam Humara Pyaar Yoonhi Badnaam Hota Hai.

22. Roshani Ki Chamak

Kisike Chehre Par Muskurahat La Sakun, Toh Kya Gam Hai,
Kisike Ghar Mein Roshani Ka Diya Jala Sakun, Yeh Kya Kam Hai
Haath Jo Bada Du Kisike Daaman Mein, Khushiyaan Lane Ke Liye,
Sukoon Milta Hai Hain Hame Bas Rahe Logon Ki Dua Me, Yahi Kya Kam Hai?

23. Woh Baat Ki

Aaj Apne Aap Se Phir Mulaqat Ki,
Kitne Arson Se Na Ki Thi Woh Baat Ki,
Zindagi Ki Bhaag Daud Mein Khud Se Milna Chhod Diya Tha,
Wahi Bachpan Jeene Wali Saari Baat Ki.

24. Ek Yaadgaar Pal

Raahon Mein Kitne Milte Bichadte Hain,
Hum Woh Hain Jo Mil Jaye To Ek Yaadgaar Bankar Nikalte
Hain.

25. Shaadi Ka Tohfa

Pyaar Ke Is Bandhan Mein Tum Band Chale Ho,
Zindagi Ke Is Haseen Safar Se Ja Mile Ho.
Mubarak Ho Aapko Ishq Ka Yeh Tohfa,
Jeevan Bhar Rahe Saath Khushiyon Ka,
Naata Yeh Jo Ban Gaya Hai,
Janmon Ka Saath Jud Gaya Hai.

Pyaar Ki Aisi Ibaadat Aapko Mile,
Ki Har Koi Aap Jaisa Pyaar Paane Ki Dua Kare.

26. Woh Muskuraenge

Jahaan Mein Ek Mukaam Banakar Chale Jayenge,

Jab Kabhi Kisike Labon Par Humara Naam Aayega,

Mann Hi Mann Humein Yaad Karke Woh Muskuraenge.

27. Kalam Ki Ada

Meri Likhawat Ko Meri Zindagi Ka Panna Mat Samaj Lena,
Yeh Toh Ada Hai Meri Kalam Ki Jo Yoon hi Chal Jaati Hai.

28. Sandook Ki Dibiya

Roz Naye Kamaal Dikhati Hain,
Beete Hue Chand Lamhon Ko Phir Usi Daur Mein Le Jaati Hain.
Woh Resham Ka Tera Rumaal Jo Isme Chhupa Ke Rakha Hai,
Aaj Bhi Teri Khushboo Mere Dil Ko Mehakaati Chali Aati Hai.
Kaanon Ki Woh Baali Jo Ab Tak Chhupai Rakkhi Hai,
Use Dekhte Hi Tere Chehre Ko Jaise Chaar Chaand Lagati Hai.
Teri Woh Paayal Jab Bhi Tune Chhankai Hai,
Dil Mein Dheere Se Awaaz Ki Hai, "Dekh, Aaj Phir Woh Tere Gali Aayi Hai."

29. Dil Se Maa Ko Pyar

Hazaron Mauke Aayenge Khushiya Manane Ke,

Lo Phir Ek Mauka Aagaya Hai Maa Ko Apna Pyar Jatane Ke,

Sab Jo Khushiya Baate Wahi Sabse Jyada,

Maa Tujh Par Meri Jaan Nyochhavar,

Yeh Hai Pakka Wada,

Haath Tera Thame Chalna Maine Seekha,

Aaj Tere Hathon Ki Silvate Dekhke Maine Dil Ko Roka,

Yaadon Ki Jo Kadiyaan Humne Pirohi Jeevan Mein Sabse Aage,

Maa Tere Pyar Ki Kasme Le Saari Duniya Jaage.

30. Meri Laado

Aaj Sochne Baithi Kaise Waqt Beet Ta Jaata Hai,
Nanhi Si Pari Goad Mein Lekar Man Hi Man Muskaata Hai,
Natkhat Chanchal Bholi Bhaali Aaj Hume Sikhati Hai,
"Mumma Pata Hai Tumhe," Kehkar Roz Kahaniya Sunati Hai.
Yaadon Ko Bachpan Se Bunte Itne Saal Yoon Beet Gaye,
Maano Kal Hi Laado Ko, Lori Jaise Sunate The,
Har Ek Din Pyaar Ki Saugat Liye, Woh Daudi Chali Aati Thi,
Kabhi Roothti Thi Jo Humse, Chuppi Si Chhaa Jaati Thi.
Shor Sharaba, Nayi Shararat Roz Kar Satati Thi,
Daant Lagaun Mein Gar, Aankhon Se Dhaara Behti Jaati Thi,
Meri Duniya Rangeen Banadi Jabse Tum Aayi Ho,
Bada Hote Dekh Tumhe, Dil Hi Dil Ghabrayi Hoon.
Moti Ho Humare Jeevan Ka, Dekh Khush Ho Jaate Hain,
Jeevan Ko Ek Raah Mil Gayi Laado, Tumhe Hum Chaahte Hain.
Jab Dekhti Hoon Tumko, Ek Ajab Sa Ehsaas Hai,
Guroor Hai Tu Mera,
Jeene Ki Wajah, Tu Khaas Hai.
Dua Hai Meri, Bitiya Ke Saare Sapne Poore Ho Jaaye,
Laado Meri Khush Rahe, Jahan Mein Apna Ek Muqaam Banaye.

31. Maa Ki Mamta

Aaj Bhi Yaad Aata Hai Jab Kaleje Se Lagaya Tha Tumko,
Nanhe Se Hathon Ne Thama Tha Mere Aanchal Ko,
Pyar Karna Sikhaya Tumne,
Sabhi Ko Apna Banaya Tumne,
Aaj Ehsaas Hua Humko,
Maa Ne Liya Hoga Kaise Dard Ko,
Jab Chali Gudiya Paraye Ghar Ko,
Bagiya Uski Sooni Kar Aayi,
Kaise Sahi Uski Judaai,
Yeh Sochkar Meri Aankh Bhar Aayi.
Maa Ki Mamta Ab Samjhi Jab,
Mere Ghar Ik Kali Muskai,
Jeevan Ko Ek Raah Mil Gayi,
Khushiyon Ki Baarish Hai Aayi.
Mumma Kehkar Tumne Bulaya,
Saare Ghamon Ko Door Bhagaya,
Meethi Baatein Karke Rijhaaye,
Nanhi Si Pari Humein Bulaye,
Tujpe Mein Vaari Jaaun,
Aaja Laado Gale Lagaaun.

32. Khel

Nanhi Pariyan Bagon Mein Khilkhila Rahi Thi,
Aankh-Micholi Khel Saheliyon Ko Bula Rahi Thi.
Masoomiyat Unki Aankhen Chalka Rahi Thi,
Apne Khel Se Dil Ko Lubha Rahi Thi.
Yaadon Ki Maujon Mein Dooba Rahi Thi,
Bachpan Ki Yaadon Ko Jaga Rahi Thi.

33. Nana Nani Ki Dunia

Khoob Sunehre Bachpan Ke Din The,
Jab Bhaage Chale Jaate The,
Na Koi Chinta, Na Koi Gam,
Nana Ke Ghar Jab Jaate The.
Pyaar Bhari Aankhein Unki,
Goad Mein Lekar Khilate The,
Aisa Sunehra Bachpan Beeta,
Aaj Yaadon Mein Gote Khate Hain.
Shanivaar Ki Raah Hum Takte,
Jab Chhutti School Se Paate The,
Har Ravivaar Juhu Par Jaate,
Khushiyon Se Gaate, Khate The.
Fafda Jalebi Ka Bhog Lagate,
Paani Mein Pair Chhapkaate The,
Paas Bithakar Humein Kahaniyan Woh Sunate The,
Jo Hum Roothte Ya Zidd Karte,
Acchi Daant Lagate The.
Raeth Par Baithe,
Pairon Ko Hum Mitti Se Chhupate The,
Ajab Khel Khelte Rehte, Pyaar Humpar Barsate The.
Aaj Bhi Aankhein Unhe Dhoondti,
Baahon Mein Lekar Hume Sulaate The,
Itne Saal Beet Gaye,

Par Sapnon Mein Milne Aate The.

Chamatkaar Kuch Aisa Ho,

Phir Wahi Laut Jaye Hum,

Arsa Beeta Aisa Pyaar Paake,

Phir Wahi Baat Dohraaye Hum.

Miss You Baba Bhabhi ♡ (Nana Nani)

THE HURTING

34. Rishton Ki Ranjishein

Yeh Kaisa Rishta Hai, Jo Narmahat Na De Paata Hai,
Aankhon Ko Bhiga Jaata Hai.
Yeh Kaisa Rishta Hai, Jo Marham Lagane Par Bhi,
Zakhm Na Sookh Paata Hai.
Ranjishein Itni Kyun Hain Is Dil Mein,
Itne Nazdik Hokar Bhi, Zakhm Naasoor Ho Jaata Hai.
Dard Seene Mein Liye Ghoomte Hain,
Chehra Phir Bhi Umeed Se Muskurata Hai.

35. Aansoo

Yaadon Ke Bhavandar Mein Khoye Rehte Hain,
Aansoo Aankhon Se Yoonhi Chhalakte Rehte Hain,
Rokna Bhi Chahe Inko Agar,
Kisika Kya Yeh Sun Lete Hain?
Mann Ke Toofaano Se Lad Jhagadkar,
Aankhon Ke Raaste Nikal Lete Hain,
Gaalon Ko Choomte, Labon Ko Chhuke,
Apne Ehsaas Ki Dastak Yoon Dete Hain.
Mann Ke Bojh Ko Halka Kar, Yeh Bas Dheere Se Chal Dete Hain.

36. Dard Ka Marz

Yeh Dard Kyun Chhootta Nahin Hai?
Kaisa Marz Hai, Jo Roothta Nahin Hai.
Dilon Mein Chahat Hoti Hai Jeene Ki,
Kambakht Yeh Naasoor Toot Ta Nahin Hai.

37. Rishta Ya Sauda?

Rishton Ki Dor Yoon Kamzor Kyun?
Har Ek Nata Matlab Ka Yoon.
Kaha Gayi Woh Pyaar Ki Gaanth?
Jisse Bandhe Hum Sab Saath.
Aaj Sab Apne Paraye Ho Chale,
Naam Ke Rishte Nibhaye Aur Chale.
Kinko Ab Mein Apna Maanu,
Aawaz Lagau Ya Unse Hi Bhaagu?
Kyun Ho Gayi Ye Kaam Ki Duniya?
Rishte Jodte Jab Mann Kiya.
Aise Rishton Se Akele Acche,
Jaha Dil Ke Taar Nahi Hain Sacche.
Pyaar Ka Rishta Sabse Meetha,
Jo Nibha Paye Wohi Jeeta.

38. Ruksat

Ab Ruksat Leni Hogi Aapse,
Mohabbat Badnaam Na Ho Jaaye.
Humne Haal-E-Dil Na Sunaya Phir Bhi,
Kahin Qatl-E-Aam Na Ho Jaaye.
Ishq Ki Barbadiyon Se Darr Lagta Hai,
Mashhoor Se Zyaada Kahin Badnaam Na Ho Jaaye.

39. Parchhaai

Tere Aangan Mein Main Kheli,

Meethi Baaton Si Meri Boli,

Aaj Kyu Ho Gayi Main Apno Se Parai?

Dekh Maa, Teri Parchhaai Ki Aankh Bhar Aayi.

Kal Tak Jo Tha Aankh Ka Tara,

Aaj Samjhake Hai Woh Haara,

Kyun Soojh Boojh Kho Di, Kar Li Ladai,

Dil Mein Dard Utha, Udaasi Chhaai.

Apni Parchhaai Ko Tum Pehchano,

Pyaarse Ise Gale Laga Lo,

Gile Shikwe Door Bhagalo,

Roothna Manana Hai Sab Haath Mein Tere,

Aaj Dil Dukhaya Kehkar, Tu Mooh Phere.

Mere Pyaar Ki Kadar Na Jaani,

Paraya Banakar Chhodha, Zidd Hai Thaani.

Dil Ko Aise Dard Diye, Itne Chhed Banaye,

Zinda Hu Lash Bankar, Na Kuch Mann Ko Bhaaye.

Phir Haath Tham Lo, Ho Jao Waisi,

Kaleje Ka Tukda Tera, Meri Ankh Behti.

Apne Jigar Ke Tukhde Ko Na Yoon Satao,

Maa Ab Toh Sab Bhoolkar Phir Se Gale Lagao.

40. Bichhadne Ka Dukh

Tum Aaj Bohot Yaad Aaye Papa...
Aaj Ye Aansoo Rukte Kyun Nahin Hain,
Yaadon Ke Ghere, Umadte Yahin Hain.
Ehsaas Tumhara Mehsoos Hone Laga Hai,
Tum Na Hokar Bhi Mera Dil Yoon Rone Laga Hai.
Zehn Mein Mere Kaisa Ye Shor Hai,
Tumhe Chhoo Loon Phir Se, Dil Par Na Mere Zor Hai.
Kaisi Tadap Hai Tumse Milne Ki,
Aankhein Bhi Band Kar Loon Toh, Jhalak Di Yaadon Ki.
"Ghar Chalein?" Tumhara Sawal Roz Aata Raha,
Na Jaane Kyun Rukne Ka Mann Bhi Banata Raha.
Ab Wo Pukaar Bas Yaadon Mein Simat Gayi,
Meri Zidd Bhi Saath Tere Ujad Gayi.

41. Khaamoshiyaan

Zubaan Yun Khaamosh Ho Gayi Hai,
Tasavvur Mein Rehte Rehte.
Kabhi Toh Aayegi Hamari Yaad Unhe,
Intezaar Karte Karte.

42. Benaam Rishte

Shikwe To Bahut The Dil Mein,
Ab Raaz Hi Reh Jayenge,
Humne Na Socha Tha,
Is Kadar Rishte Benaam Ho Jayenge.
Dusron Ko Paane Ki Chaah Mein,
Apne Itne Door Chale Jayenge,
Ehsaas Bhi Na Hoga Unhe,
Hum Itne Majboor Ho Jayenge.

43. Yeh Pehle Samaj Kyun Na Aaya?

Rishton Me Uljhe Rehne Lage The Hum,
Apne Aap Se Gumsum Hone Lage The Hum,
Waqt Beeta Logon Ko Khushiyaan Baatne Mein,
Apne Pehchaan Yoonhi Kho Chuke The Hum.
Sab Ko Khush Karke Hum Ne Kya Paaya,
Dil Toota, Aankhon Mein Aansoo Laaya,
Apno Ne Hi Aake Aaj Humara Dil Dukhaya,
Na Kuch Socha Bas Kehke Dikhaya,
Aaj Baat Ye Samaj Me Aayi,
Yeh Sab He Matlab Ke Bhai.
Mann Ke Taar Jude Nahi Toh,
Phir Kya Rishta Kaam Ka Aaya?
Mann Hi Mann Bahut Dukhaya,
Kaash Yeh Pehle Samaj Kyu Na Aaya?

44. Aansuon Ki Leher

Ek Toofan Sa Seene Mein Dabaye Rakkha Hai,
Jo Bol Du To Aansuon Se Poora Shehar Doob Jaye.

45. Dilon Ka Faasla

Rishton Ki Mehak Udne Lagi Hai,
Dooriyaan Dilon Mein Badhne Lagi Hain,
Pyaar Bhara Rishta Roothne Laga Hain,
Dilon Ka Faasla Badhne Laga Hai.

46. Ishq Aur Jaam

Ishq Aur Jaam Dono Jaan Leva Hote Hain,
Sambhaliyega Janaab Dono, Dubokar Chale Jate Hain.
Hosh Aate Aate Kayi Arse Beet Jate Hain,
Na Ishq Ka Gam Bharta Hai, Bas Jaam Par Jaam Piye Jate
Hain.

47. Afsaane Wafa Ke

Gam-E-Dil Sunaya Nahi Karte,
Ankhon Mein Dekhke Rulaya Nahi Karte,
Yoon Toh Afsaane Hazaron Humare Ishq Ke,
Is Kadar Zamane Ko Dikhaya Nahi Karte.
Wafadariyon Ne Humein Rok Liya,
Warna Tum Jaise Ko Jalaya Nahi Karte.

48. Gam Aur Yaadein

Kabhi Tanha Gum Ho Jaate Hain,
Toh Kabhi Mehfile Sajate Hain,
Hum Jahaan Theher Jaye,
Yaadein Beshumaar Banate Hain

49. Bidaai Ki Khaali Dastaan

Teri Ankhen Yu Muskurati Thi, Rooh Tak Teri Khushi Nazar Aati Thi.
Ruksat Teri Yoon Hogi Yeh Socha Na Tha,
Aansuon Ki Dhaar Ab To Bas Behti Chali Jaati Thi,
Dil Se Dil Ki Baat Mahino Se Batani Thi,
Bulawa Aa Gaya Tera Yeh Baat Tujhe Samjhani Thi.
Hum Hi Na Samajh Paye Tere Isharon Ko,
Haste Hue Li Thi Humse Bidaai Yoon,
Is Baar Laut Na Aane Ki Zidd Jo Tune Thaani Thi.

50. Jigar Ka Tukda

Haspatal Mein Jaa Mile Ek Maa Lachaar Ko,
Yoonhi Milne Chale Gaye The Apne Pyaare Yaar Ko.
Apni Bitiya Ko Bachane Ke Liye Usne Doctor Ko Duhaai Ki,
Paas Me Jaakar Maine Poocha, Aankh Aasuon Se Bhar Aayi Thi.
Nanhi Si Kali Ko Cancer Ne Jakda, Mayusi Si Chhaayi Thi,
Na Umeed Bachne Ki Kehke Doctor Ne, Maa Ne Di Duhaayi Thi.
Maa Ki Tadap Dekh Main Bhi Us Pal Bahut Ghabraayi Thi,
Jigar Ka Tukda Jujh Raha Tha, Udaasi Si Chaaro Ore Chhaayi Thi.
Ghar Ki Ore Kadam Badaya, Bechaini Si Aayi Thi,
Apne Ko Khone Ka Darr Kya Hota Hai, Baat Yeh Samaj Mein Aayi Thi.

51. Sambhal Ja Ae Dil

Jazbaaton Ko Kab Tak Chupaye Rakhte,

Kambakht Yeh Ankhein Bol Deti Hain.

Toofan Sa Hai Dil Mein,

Muskurahaton Mein Bas Inhe Dabaa Dete Hain.

Namm Hui Ankhon Mein Jab Bhi Yaadon Ke Bhawre Ghoomte Hain,

"Sambhal Ja Ae Dil," Hum Usey Dheere Se Kehte Hain.

52. Yaadon Ki Rooh

Shabdon Ki Siyaahi, Thodi Laal Ho Gayi,
Is Tarah Rang Gayi Chhookar Dil Ke Panno Ko.
Saari Yaadein, Palak Jhapakte Hi,
Ek Yaad Ban Gayi.

53. Khamoshi Ka Safar

Kal Hi Toh Hum Hass Khel Rahe The Saath Mein,

Ek Hawa Ke Jhoke Ne Sab Ujaad Diya Ek Raat Mein,

Savere Saath Mein Chai Peena Ab Toh Yaad Banke Reh Gaya,

Tumhara Paas Aake Tarif Karna Sab Kuch Na Jane Kaha Kho Gaya.

Kyun Kudrat Ne Humein Itni Door Kar Diya?

Tumhara Haath Na Tham Saka Aur Chal Diya,

Itni Bhi Jaldi Kya Thi Humdam? Humein Bhi Saath Le Jaate,

Khaali Ghar Mein Din Raat Akele Kaise Kaatein?

Rakh Rakhkar Yaadon Ke Ghere Mein Gir Pada Hoon,

Koi Haath Na Pakadne Ko Ab Aisa Phasa Hoon.

Uthkar Aa Jao Maut Ke Aagosh Se,

Ya Mujhe Le Chalo Us Jahan Me, Kyun Khamosh Se?

Reh Na Paaunga Tumhare Bina Ik Pal,

Mera Pyaar Samjho Na Aakhri Baar.

Uth Jao Ek Baar, Bahut Dil Me Badh Gayi Hulchul.

54. Mujh Mein Zinda Hai Tera Waqt

Rula Kar Thes Lag Jaayegi,

Dil Se Ki Thi Jo Baat, Phir Yaad Aayegi,

Yoon Tum Mujh Mein Zinda Toh Reh Loge,

Aankhon Mein Bhari Hui Dastaan Reh Jaayegi,

Chhalak Kar Jo Ye Aansoo Beh Jaayenge,

Yaadon Ke Bhawandar Phir Laut Aayenge,

Yoon Hi Chhupa Rehne Do Inhe Andar,

Laut Aaye Toh Phir Ye Na Chhup Paayenge.

55. Yaadon Ki Paheli

Yaadon Mein Bas Tum Chhaye Hue Ho,
Baaton Mein Zikr Na Ho, Aaj Kyun Paraye Ho,
Itni Jaldi Ruksat Le Loge Humse Tum,
Humare Dilon Mein Samaaye Hue Ho.

56. Bewafa Hawa Ka Rukh

Khaamoshiyon Mein Jee Rahe The Ek Zinda Lash Bankar,

Tumne Zindagi Me Aakar Sabab De Diya Yoon Pyaar Bankar,

Humne Socha Ki Talaash Tumse Milte Hi Poori Ho Gayi,

Ki Ek Toofan Ne Humein Juda Kar Diya Hawa Ka Rukh

Bewafa Karkar.

57. Nafrat

Tumhari Nafrat Ko Chahat Mein Badal Doon,
Ishq Itna Shiddat Se Karu Ki Aadat Kar Doon.

THE HEALING

58. Lafzon Ki Siyaahi

Jab Bhi Tune Kalam Chalayi Hai,
Dil Mein Ek Aas Jagayi Hai.
Tere Lafzon Ki Yeh Jo Siyaahi Hai,
Gehraaiyon Mein Doobkar Aayi Hai.

59. Sapno Ki Udaan

Teri Kamiyabiyon Ka Kaarwan Bada Hi Shaandaar Tha
Tere Hunar Aur Zasbe Ko Salaam Tha,
Sapno Ko Poora Karne Ka Khuda Ka Faisla Bemissal Tha.
Chalte Rehna Tum Udaan Lekar Apne Pankh Yunhi Failaate,
Nayi Raah Mil Jaayegi Bas Yoonhi Haste Gaate.

60. Savera Phir Aayega

Yeh Lamhe Bhi Beet Jaenge, Khushiyon Se Phir Lehraenge,

Bas Thode Se Imtihaanon Se Hum Na Ghabraenge,

Phir Hoga Savera, Phir Hum Muskuraenge,

Nikal Padenge Raaston Par, Naya Daur Chalaenge.

Yeh Shaam Thodi Kaali Hai, Phir Bhi Dil Mein Umangon Bhare Sawaal Hain,

Roshni Se Milne Ko Thehra, Bas Thoda Sabr Rakh Zaroor Aayega Savera.

Phir se Mil Paenge, Sabko Gale Lagaenge,

Apne Dilon Ki Dooriyan Mitaenge, Zindagi Phirse Jee Paenge.

Aashaon Ka Ek Diya, Dil Mein Yoon hi Jalaenge,

Suraj Ki Tarah Apni Umeedon Par Khare Utar Jaenge.

Yeh Din Bhi Beet Jayenge, Bas Aur Aage Badhte Jayenge,

Phir Khushiyaan Apne Ghar Laut Aaengi,

Himmat Se Sab Jeet Jaaenge, Haath Se Haath Milaenge.

61. Zindagi Ki Aas

Khuli Zameen Mein Aasman Ki Talash Na Karo,
Jee Lo Zindagi, Khushi Ki Aas Na Karo.
Taqdeer Badal Jaayegi Apne Aap Hi,
Muskurana Seekh Lo, Wajah Ki Talaash Na Karo.

62. Khushiyan Aur Duaein

Tumhein Chuna Hai Us Parwardigaar Ne,
Apne Hunar Se Duniya Mein Khushiyan Bhar Do.
Duaon Ki Kya Karein Baat,
Har Ek Muskurahat Se Logon Ke Dilon Mein Ghar Kar Do.

63. Mausam Ki Leher

Mausam Badal Rahe Hain,
Dil Machal Rahe Hain,
Rituon Ka Maza Lekar,
Hum Bhi Sambhal Rahe Hain.

64. Zindagi Ki Seekh

Har Kahani Ik Naya Pehlu Zindagi Dikhlati Hai,
Choti Choti Baaton Mein Ek Seekh Dekar Jaati Hai.
Hum Gar Niraash Ho Jaaye Kis Pal,
Zindagi Khoobsurat Hai, Yeh Haath Thamkar Kainaat Samjhati Hai.

65. Dard Se Aage

Humne Toh Aaj Se Naya Tareeka Seekh Liya,
Inhi Zakhmon Ko Apne Jaisa Kar Liya,
Ab Yeh Roz Dard Dete Nahi Hain,
Pehle Jaise Hum Bhi Kisika Sehte Nahi Hain.

66. Waqt

Waqt-Waqt Ki Baat Hai Janaab,
Kai Arse Beet Gaye Chehre Gulaabi Dekhe Hue.
Aaj Kal Toh Har Koi Laal Hue Phirta Hai,
Na Jaane Zindagi Yun Kaali Ghataon Ke Andhere Liye
Mayoos Kiye Jaati Hai.
Suraj Ki Kirnein Umeed Jagati Hain, Barish Ki Boondein
Mann Ko Harshaati Hain.

67. Akelapan

Yeh Jo Rakh Rakh Ke Tum Yaad Aate Ho,
Dil Ke Armaan Aur Umange Jagate Ho.
Aaj Na Hue Mere Kareeb Toh Kya,
Mere Khwaabon Mein Aake Roz Gale Lagate Ho,
Sar Chumkar Apna Pyaar Jataate Ho.

68. Zindagi Ka Imtihaan

Mushkilon Se Bhaag Jana Aasaan Hota Hai,
Har Pehlu Zindagi Ka Imtihaan Hota Hai.
Darne Waalon Ko Milta Nahi Kuch Zindagi Mein,
Ladne Waalon Ke Kadmon Mein Jahaan Hota Hai.

69. Dil Ki Chup

Yoon Hi Mehfooz Si Chal Rahi Thi Zindagi,
Jeene Ka Sabab Dhoond Rahe The,
Dil Mein Ik Chubhan Si Thi, Marham Lagake Jod Rahe The.
Kabhi Toh Yeh Naasoor Zakhm Bhar Jayenge,
Bas Yahi Soch Rahe The.

70. Rooh Ka Sukoon

Is Dard Se Peecha Chhuda Na Sake,

Unki Baaton Se Dil Ko Jo Thes Lagi, Usey Bhula Na Sake,

Marham Ek Hi Hai Aye Khuda,

Tere Aanchal Mein Rehne Se,

Ab Toh Rooh Ka Sukoon Paane Lage.

71. Ek Pal Ki Zindagi

Ek Pal Mein Mil Jaye Woh Zindagi,
Ek Pal Mein Bichhad Jaye Woh Zindagi,
Yaadgar Yaadein Ban Jaye Woh Zindagi,
Mitti Mein Mil Jaye Woh Zindagi.

72. Masoomiyat Ka Naqaab

Chehre Ke Peeche Masoomiyat Dhund Rahe The,
Naqaab Yoon Utha Ki Chehre Ke Rang Udd Gaye.

73. Milte-Bichadte Rishte

Zindagi Tujhse Koi Shikaayat Nahin,
Bas Har Mod Par Ek Naya Ehsaas Paate Hain.
Jo Bhi Mile Raahon Mein,
Dil Se Apna Bana Jaate Hain.
Rishton Ke Is Kaarobaar Mein,
Na Jaane Kitne Aaye Aur Kitne Bichhad Gaye,
Kuch Pal Ke Saathi The, Kuch Hamesha Ke,
Pyaar Bhari Nigaahon Se Unhe Dhoondhte Reh Gaye,
Jinke Hone Se Chaman Khil Uthta Tha,
Jinki Hansi Se Jeevan Mehka Karta Tha.
Magar Aaj, Woh Itni Door Chale Gaye Hain,
Ki Awaaz Lagayein, Toh Bhi Sunayi Nahin Dete,
Nigahon Ko Tadpaayein, Toh Bhi Nazar Nahin Aate.
Bas, Yaadon Ke Saaye Banke Jeevan Mein Sama Jaate Hain.

74. Jeevan Ki Soch

Ae Dil-E-Nadaan Kyu Aas Lagae Baitha Hai?

Rasmo Me Doobe Insaano Se Aaj Jake Yoon Mila Hai.

Shringaar Se Aurat Apna Roop Sajati Hai,

Jo Chhod Jaye Sajna Beech Majdhaar Mein,

Toh Yahi Anshan Lagati Hai.

Kaisi Hai Yeh Dogali Duniya?

Kabhi Apna Toh Kabhi Paraya Banati Hai.

Jab Sapne Lekar Bahu Naye Ghar Aati Hai,

Sochti Beti Banungi Is Ghar Ki,

Bahurani Woh Kehlati Hai.

Kab Yeh Rishta Aise Hoga Jeevan Safal Ho Jayega,

Bahu Kahegi Aaj Chali Jaha Beti Ka Darja Aayega.

Sindoor, Chudhiyaan, Gehne Pehne Toh Suhagan Kehlaye,

Shaadi Dilon Ko Jode Kyun Inse Tole Sab Bhai?

Kab Vicharon Ki Azaadi Hogi, Kab Jee Uthungi Main?

Aas Lagaaye Baithi Hoon, Kab Khush Ho Uthungi Mein?

Naya Adhyay, Nayi Manzilein

Pyaar Ke Is Aashiyaane Mein Chaa Gaye Hain Hum,
Dil Se Kiya Hai Yaad Toh Aa Gaye Hum.
Dhadakte Dilon Ke Taaro Ko Chedne Yoonhi,
Kuch Apna Sunane, Kuch Aapka Sunne Phir Kya Gham.

Mehfile Jamaai Thi Bahut Si Pehle Yaaro Humne,
Aaj Naya Nazrana Lekar Aa Gaye Hum.
Sangeet Ke Rangmanch Se Hamesha Jude Rahe Hum,
Aaj Kavita Ki Duniya Mein Rakha Hai Pehla Kadam.

Aapke Sneh Aur Pyaar Se Hame Jode Rakhna,
Kabhi Yaad Aaye Hamari Toh Bas Ek Ishara Karna.
Ummeedo Ki Seema Paar Kar Aa Gaye,
Aaj Jod Rahe Hain Zindagi Mein Ek Naya Adhyay.

Silsila Yeh Jo Shuru Hua Hai,
Nayi Manzilon Ko Ja Mila Hai.
Gar Jo Bhaye Aapko Meri Likhavat,
Taliyon Se Dena Mujhe Protsahan Ki Aahat.

A Message From The Author

Dear Reader,

Every word I write comes straight from my heart, carrying pieces of my emotions, memories, and dreams. If even one line resonates with you, makes you pause, smile, or feel a little less alone, then my purpose is fulfilled.

Life is a beautiful mix of love, loss, hope, and healing. Through my words, I want to share this journey with you—to remind you that your feelings are valid, your experiences matter, and you are never truly alone.

I would love to connect with you beyond these pages! You can find me on;

Instagram: @lovingneets

Facebook: www.facebook.com/meriikalamse

If my words have touched your heart, I would be truly grateful if you could take a moment to leave a review on Amazon and Goodreads. Your support means the world to me and helps my poetry reach others who might need it too.

Let's continue this journey together!

With love and gratitude,

Neets Chandiramani ♡